SOLEDADES, GALERÍAS Y OTROS POEMAS

ANTONIO MACHADO

ÍNDICE

AUTOBIOGRAFÍA DE ANTONIO MACHADO   1
ESCRITA EN BAEZA EN 1913
PRÓLOGO   5

SOLEDADES

1. El viajero   9
2. He andado muchos caminos   11
3. La plaza y los naranjos encendidos   13
4. En el entierro de un amigo   14
5. Recuerdo infantil   16
6. Fue una clara tarde, triste y soñolienta   18
7. El limonero lánguido suspende   21
8. Yo escucho los cantos   23
9. Orillas del Duero   25
10. A la desierta plaza   27
11. Yo voy soñando caminos   28
12. Amada, el aura dice...   30
13. Hacia un ocaso radiante   32
14. Cante hondo   35
15. La calle en sombra. Ocultan los altos caserones   37
16. Siempre fugitiva   38
17. Horizonte   39
18. El poeta   40
19. ¡Verdes jardinillos!   43

DEL CAMINO

1. Preludio   47

2. Daba el reloj las doce... y eran doce	48
3. Sobre la tierra amarga	49
4. En la desnuda tierra del camino	50
5. El sol es un globo de fuego	51
6. Tenue rumor de túnicas que pasan	52
7. Oh figuras del atrio, más humildes	53
8. La tarde todavía	54
9. Crear fiestas de amores	55
10. Arde en tus ojos un misterio, virgen	57
11. Algunos lienzos del recuerdo tienen	58
12. Crece en la plaza en sombra	59
13. Las ascuas de un crepúsculo morado	60
14. ¿Mi amor?... ¿Recuerdas, dime	61
15. Me dijo un alba de la primavera	62
16. Al borde del sendero un día nos sentamos	63
17. Es una forma juvenil que un día	64
18. Oh, dime, noche amiga, amada vieja	65

CANCIONES

1. Abril florecía	69
2. Coplas elegiacas	72
3. Inventario Galante	74
4. Me dijo una tarde	77
5. La vida hoy tiene ritmo	79
6. Era una mañana y abril sonreía	81
7. El casco roído y verdoso	83
8. El sueño bajo el sol que aturde y ciega	85

HUMORISMOS, FANTASÍAS, APUNTES (LOS GRANDES INVENTOS)

1. La noria	89
2. El cadalso	91

3. Las Moscas . . . 93
4. Elegía de un Madrigal . . . 95
5. Acaso... . . . 97
6. Jardín . . . 99
7. Fantasía de una noche de Abril . . . 100
8. A un naranjo y a un limonero . . . 104
9. Los Sueños Malos . . . 106
10. Hastío . . . 107
11. Sonaba el reloj la una . . . 108
12. Consejos . . . 110
13. Glosa . . . 111
14. Anoche cuando dormía . . . 112
15. ¿Mí corazón se ha dormido? . . . 114

GALERÍAS

1. Introducción . . . 117
2. Desgarrada la nube; el arco iris . . . 119
3. Y era el demonio de mi sueño, el ángel . . . 120
4. Desde el umbral de un sueño me llamaron . . . 121
5. Sueño infantil . . . 122
6. Y esos niños en hilera . . . 124
7. Si yo fuera un poeta . . . 126
8. Llamó a mi corazón un claro día . . . 127
9. Hoy buscarás en vano . . . 128
10. Y nada importa ya que el vino de oro . . . 129
11. Tocados de otros días . . . 130
12. La casa tan querida . . . 131
13. Ante el pálido lienzo de la tarde . . . 132
14. Tarde tranquila, casi . . . 133
15. Yo, como Anacreonte . . . 134
16. ¡Oh tarde luminosa! . . . 135
17. Es una tarde ceniciente y mustia . . . 136
18. ¿Y ha de morir contigo el mundo mago? . . . 138
19. Desnuda está la tierra . . . 139
20. Campo . . . 140

21. A un viejo y distinguido señor   141
22. Los sueños   142
23. Guitarra del mesón que hoy suenas jota   143
24. El rojo sol de un sueño en el Oriente asoma 144
25. La primavera besaba   145
26. Eran ayer mis dolores   146
27. Renacimiento   148
28. Tal vez la mano, en sueños   150
29. Y podrás conocerte recordando   151
30. Los árboles conservan   152
31. Húmedo está, bajo el laurel, el banco   153

VARIA

1. Pegasos, lindos pegasos   157
2. Deletreos de armonía   159
3. En medio de la plaza y sobre tosca piedra   160
4. Coplas Mundanas   161
5. Sol de Invierno   163

AUTOBIOGRAFÍA DE ANTONIO MACHADO ESCRITA EN BAEZA EN 1913

Biografía

Nací en Sevilla el año de 1875 en el Palacio de la Dueñas. Anoto este detalle no por lo que tenga de señorial (el tal palacio estaba en aquella sazón alquilado a varias familias modestas) sino por la huella que en mi espíritu ha dejado la interior arquitectura de ese viejo caserón. En mi próximo libro hablo de él, sin más datos que mis recuerdos infantiles.

Desde los ocho a los treinta y dos años he vivido en Madrid con excepción del año 1899 y del 1902 que los pasé en París. Me eduqué en la Institución Libre de Enseñanza y conservo gran amor a mis maestros: Giner de los Ríos, el imponderable Cossío, Caso, Sela, Sama (ya muerto), Rubio, Costa (D. Joaquín —a quien no volví a ver desde mis nueve años—). Pasé por el Instituto y la Universidad, pero de estos centros no conservo más huella que una gran aversión a todo lo académico. He asistido durante veinte años, casi diariamente a la Biblioteca Nacional. En 1906 hice oposiciones a cátedras de francés y obtuve la de Soria donde he residido hasta agosto de 1912, con excepción del año 10 que estuve en París, pensionado para estudiar filología francesa. Estudié en el Colegio de Francia dos cursos (Bedier y Meillet). En 1909 me casé en Soria (Iglesia de Santa María la Mayor) y enviudé en 1912. En 1º de noviembre del mismo año fui trasladado a Baeza donde actualmente resido. No tengo vocación de maestro y mucho menos de catedrático. Procuro, no obstante, cumplir con mi deber. Mis lecturas han sido especialmente de filosofía y de literatura, pero he tenido afición a todas las ciencias. Creo conocer algo de literatura española. Tengo una gran aversión a todo lo francés, con excepción de algunos deformadores del ideal francés, según Brunetière. Recibí alguna influencia de los simbolistas franceses, pero ya hace tiempo que reacciono contra ella.

Tengo un gran amor a España y una idea de España completamente negativa. Todo lo español me encanta y me indigna al mismo tiempo. Mi vida está hecha más de resignación que de rebeldía; pero de cuando en cuando siento impulsos batalladores que coinciden con optimismos momentáneos de los cuales me arrepiento y sonrojo a poco indefectiblemente. Soy más autoinspectivo que observador y comprendo la injusticia de señalar en el vecino lo que noto en mí mismo. Mi pensamiento está generalmente ocupado por lo que llama Kant conflictos de las ideas trascendentales y busco en la poesía un alivio a esta ingrata faena.

En el fondo soy creyente en una realidad espiritual opuesta al mundo sensible. Siento una gran aversión a todo lo que escribo, después de escrito y mi mayor tortura es corregir mis composiciones en pruebas de imprenta. Esto explica que todos mis libros estén plagados de erratas.

Mi gran pasión son los viajes. Creo conocer algo algunas regiones de la Alta Castilla, Aragón y Andalucía. No soy muy sociable, pero conservo afecto a las personas. He hecho vida desordenada en mi juventud y he sido algo bebedor, sin llegar al alcoholismo. Hace cuatro años que rompí radicalmente con todo vicio. No he sido nunca mujeriego y me repugna toda pornografía. Tuve adoración a mi mujer y no quiero volver a casarme. Creo que la mujer española alcanza una virtud insuperable y que la decadencia de España depende del predominio de la mujer y de su enorme superioridad sobre el varón. Me repugna la política donde veo el encanallamiento del campo por el influjo de la ciudad. Detesto al clero mundano que me parece otra degradación campesina. En general me agrada más lo popular que lo aristocrático social y más el campo que la ciudad. El problema nacional me parece irresoluble por falta de virilidad espiritual; pero creo que se debe luchar por el porvenir y crear una fe que no tenemos. Creo más útil la verdad que condena el presente, que la prudencia que salva lo actual a costa siempre de lo venidero. La fe en la vida y el dogma de la utilidad me parecen peligrosos y absurdos. Estimo oportuno combatir a la Iglesia católica y proclamar el derecho del pueblo a la conciencia y estoy convencido de que España morirá por asfixia espiritual si no rompe ese lazo de hierro. Para ello no hay más obstáculos que la hipocresía y la timidez. Ésta no es una cuestión de cultura —se puede ser muy culto y respetar lo ficticio y lo inmoral— sino de conciencia. La conciencia es anterior al alfabeto y al pan. Admiro a Costa, pero mi maestro es Unamuno.

Bibliografía

He publicado un tomito de versos en 1903 refundido con nuevas composiciones en 1907 Soledades, Galerías y otros poemas y otro volumen Campos de Castilla en 1912. Tengo casi terminados tres volúmenes Hombres de España, Apuntes de paisaje, Cantares y proverbios, que irán saliendo sucesivamente.

Se han ocupado de mis versos con elogio muy superior a mi mérito Unamuno, Azorín, Juan Ramón Jiménez, Ortega y Gasset, Marquina, Acebal, González Blanco, Carner, Baquero, Candamo en periódicos y revistas y Rubén Darío en su libro El Canto Errante.

PRÓLOGO

Las composiciones de este primer libro, publicado en enero de 1903, fueron escritas entre 1899 y 1902. Por aquellos años, Rubén Darío, combatido hasta el escarnio por la crítica al uso, era el ídolo de una selecta minoría. Yo también admiraba al autor de *Prosas profanas*, el maestro incomparable de la forma y la sensación, que más tarde nos reveló la hondura de su alma en *Cantos de vida y esperanza*. Pero yo pretendí —y reparad que no me jacto de éxitos, sino de propósitos— seguir camino bien distinto. Pensaba yo que el elemento poético no era la palabra por su valor fónico, ni el color, ni la línea, ni un complejo de sensaciones, sino una honda palpitación del espíritu; lo que pone el alma, si es que algo pone, o lo que dice, si es que algo dice, con voz propia, en respuesta al contacto del mundo. Y aun pensaba que el hombre puede sorprender algunas palabras de un íntimo monólogo, distinguiendo la voz viva de los ecos inertes; que puede también, mirando hacia dentro, vislumbrar las ideas cordiales, los universales del sentimiento. No fue mi libro la realización sistemática de este propósito; mas tal era mi estética de entonces.

Esta obra fue refundida en 1907, con adición de nuevas composiciones que no añadían nada sustancial a las primeras, en *Soledades, galerías y otros poemas*. Ambos volúmenes constituyen en realidad un sólo libro.

1917

SOLEDADES

EL VIAJERO

Está en la sala familiar, sombría,
 y entre nosotros, el querido hermano
que en el sueño infantil de un claro día
vimos partir hacia un país lejano.
Hoy tiene ya las sienes plateadas,
un gris mechón sobre la angosta frente,
y la fría inquietud de sus miradas
revela un alma casi toda ausente.
Deshójanse las copas otoñales
del parque mustio y viejo.
La tarde, tras los húmedos cristales,
se pinta, y en el fondo del espejo.
El rostro del hermano se ilumina
suavemente. ¿Floridos desengaños
dorados por la tarde que declina?
¿Ansias de vida nueva en nuevos años?

¿Lamentará la juventud perdida?
Lejos quedó —la pobre loba— muerta.
¿La blanca juventud nunca vivida
teme, que ha de cantar ante su puerta?
¿Sonríe al sol de oro
de la tierra de un sueño no encontrada;
y ve su nave hender el mar sonoro,
de viento y luz la blanca vela hinchada?
Él ha visto las hojas otoñales,
amarillas, rodar, las olorosas
ramas del eucalipto, los rosales
que enseñan otra vez sus blancas rosas...
Y este dolor que añora o desconfía
el temblor de una lágrima reprime,
y un resto de viril hipocresía
en el semblante pálido se imprime.
Serio retrato en la pared clarea
todavía. Nosotros divagamos.
En la tristeza del hogar golpea
el tictac del reloj. Todos callamos.

HE ANDADO MUCHOS CAMINOS

He andado muchos caminos,
	he abierto muchas veredas;
he navegado en cien mares,
y atracado en cien riberas.
En todas partes he visto
caravanas de tristeza,
soberbios y melancólicos
borrachos de sombra negra,
y pedantones al paño
que miran, callan, y piensan
que saben, porque no beben
el vino de las tabernas.
Mala gente que camina
y va apestando la tierra...
Y en todas partes he visto
gentes que danzan o juegan,

cuando pueden, y laboran
sus cuatro palmos de tierra.
Nunca, si llegan a un sitio,
preguntan a dónde llegan.
Cuando caminan, cabalgan
a lomos de mula vieja,
y no conocen la prisa
ni aun en los días de fiesta.
Donde hay vino, beben vino;
donde no hay vino, agua fresca.
Son buenas gentes que viven,
laboran, pasan y sueñan,
y en un día como tantos,
descansan bajo la tierra.

3

LA PLAZA Y LOS NARANJOS ENCENDIDOS

La plaza y los naranjos encendidos
 con sus frutas redondas y risueñas.
Tumulto de pequeños colegiales
que, al salir en desorden de la escuela,
llenan el aire de la plaza en sombra
con la algazara de sus voces nuevas.
¡Alegría infantil en los rincones
de las ciudades muertas!...
¡Y algo nuestro de ayer, que todavía
vemos vagar por estas calles viejas!

EN EL ENTIERRO DE UN AMIGO

Tierra le dieron una tarde horrible
    del mes de julio, bajo el sol de fuego.
A un paso de la abierta sepultura,
había rosas de podridos pétalos,
entre geranios de áspera fragancia
y roja flor. El cielo
puro y azul. Corría
un aire fuerte y seco.
De los gruesos cordeles suspendido,
pesadamente, descender hicieron
el ataúd al fondo de la fosa
los dos sepultureros...
Y al reposar sonó con recio golpe,
solemne, en el silencio.
Un golpe de ataúd en tierra es algo
perfectamente serio.

Sobre la negra caja se rompían
los pesados terrones polvorientos...
El aire se llevaba
de la honda fosa el blanquecino aliento.
—Y tú, sin sombra ya, duerme y reposa,
larga paz a tus huesos...
Definitivamente,
duerme un sueño tranquilo y verdadero.

RECUERDO INFANTIL

Una tarde parda y fría
      de invierno. Los colegiales
estudian. Monotonía
de lluvia tras los cristales.
Es la clase. En un cartel
se representa a Caín
fugitivo, y muerto Abel
junto a una mancha carmín.
Con timbre sonoro y hueco
truena el maestro, un anciano
mal vestido, enjuto y seco,
que lleva un libro en la mano.
Y todo un coro infantil
va cantando la lección:
"mil veces ciento, cien mil,

mil veces mil, un millón".
Una tarde parda y fría
de invierno. Los colegiales
estudian. Monotonía
de la lluvia en los cristales.

6

FUE UNA CLARA TARDE, TRISTE Y SOÑOLIENTA

Fue una clara tarde, triste y soñolienta
    tarde de verano. La hiedra asomaba
al muro del parque, negra y polvorienta...
La fuente sonaba.
Rechinó en la vieja cancela mi llave;
con agrio ruido abrióse la puerta
de hierro mohoso y, al cerrarse, grave
golpeó el silencio de la tarde muerta.
En el solitario parque, la sonora
copla borbollante del agua cantora
me guió a la fuente. La fuente vertía
sobre el blanco mármol su monotonía.
La fuente cantaba: ¿Te recuerda, hermano,
un sueño lejano mi canto presente?
Fue una tarde lenta del lento verano.
Respondí a la fuente:

No recuerdo, hermana,
mas sé que tu copla presente es lejana.
Fue esta misma tarde: mi cristal vertía
como hoy sobre el mármol su monotonía.
¿Recuerdas, hermano?... Los mirtos talares,
que ves, sombreaban los claros cantares
que escuchas. Del rubio color de la llama,
el fruto maduro pendía en la rama,
lo mismo que ahora. ¿Recuerdas, hermano?...
Fue esta misma lenta tarde de verano.
—No sé qué me dice tu copla riente
de ensueños lejanos, hermana la fuente.
Yo sé que tu claro cristal de alegría
ya supo del árbol la fruta bermeja;
yo sé que es lejana la amargura mía
que sueña en la tarde de verano vieja.
Yo sé que tus bellos espejos cantores
copiaron antiguos delirios de amores:
mas cuéntame, fuente de lengua encantada,
cuéntame mi alegre leyenda olvidada.
—Yo no sé leyendas de antigua alegría,
sino historias viejas de melancolía.
Fue una clara tarde del lento verano...
Tú venías solo con tu pena, hermano;
tus labios besaron mi linfa serena,
y en la clara tarde dijeron tu pena.
Dijeron tu pena tus labios que ardían;
la sed que ahora tienen, entonces tenían.
—Adiós para siempre la fuente sonora,

del parque dormido eterna cantora.
Adiós para siempre; tu monotonía,
fuente, es más amarga que la pena mía.
Rechinó en la vieja cancela mi llave;
con agrio ruïdo abrióse la puerta
de hierro mohoso y, al cerrarse, grave
sonó en el silencio de la tarde muerta.

EL LIMONERO LÁNGUIDO SUSPENDE

El limonero lánguido suspende
　　una pálida rama polvorienta,
sobre el encanto de la fuente limpia,
y allá en el fondo sueñan
los frutos de oro...
Es una tarde clara,
casi de primavera,
tibia tarde de marzo
que el hálito de abril cercano lleva;
y estoy solo, en el patio silencioso,
buscando una ilusión cándida y vieja:
alguna sombra sobre el blanco muro,
algún recuerdo, en el pretil de piedra
de la fuente dormido, o, en el aire,
algún vagar de túnica ligera.
En el ambiente de la tarde flota

ese aroma de ausencia,
que dice al alma luminosa: nunca,
y al corazón: espera.
Ese aroma que evoca los fantasmas
de las fragancias vírgenes y muertas.
Sí, te recuerdo, tarde alegre y clara,
casi de primavera
tarde sin flores, cuando me traías
el buen perfume de la hierbabuena,
y de la buena albahaca,
que tenía mi madre en sus macetas.
Que tú me viste hundir mis manos puras
en el agua serena,
para alcanzar los frutos encantados
que hoy en el fondo de la fuente sueñan...
Sí, te conozco tarde alegre y clara,
casi de primavera.

YO ESCUCHO LOS CANTOS

Yo escucho los cantos
    de viejas cadencias,
que los niños cantan
cuando en coro juegan,
y vierten en coro
sus almas que sueñan,
cual vierten sus aguas
las fuentes de piedra:
con monotonías
de risas eternas,
que no son alegres,
con lágrimas viejas,
que no son amargas
y dicen tristezas,
tristezas de amores
de antiguas leyendas.

En los labios niños,
las canciones llevan
confusa la historia
y clara la pena;
como clara el agua
lleva su conseja
de viejos amores,
que nunca se cuentan.
Jugando, a la sombra
de una plaza vieja,
los niños cantaban...
La fuente de piedra
vertía su eterno
cristal de leyenda.
Cantaban los niños
canciones ingenuas,
de un algo que pasa
y que nunca llega:
la historia confusa
y clara la pena.
Seguía su cuento
la fuente serena;
borrada la historia,
contaba la pena.

ORILLAS DEL DUERO

Se ha asomado una cigüeña a lo alto del campanario.
Girando en torno a la torre y al caserón solitario,
ya las golondrinas chillan. Pasaron del blanco invierno,
de nevascas y ventiscas los crudos soplos de infierno.
Es una tibia mañana.
El sol calienta un poquito la pobre tierra soriana.
Pasados los verdes pinos,
casi azules, primavera
se ve brotar en los finos
chopos de la carretera
y del río. El Duero corre, terso y mudo, mansamente.
El campo parece, más que joven, adolescente.
Entre las hierbas alguna humilde flor ha nacido,
azul o blanca. ¡Belleza del campo apenas florido,
y mística primavera!

¡Chopos del camino blanco, álamos de la ribera,
espuma de la montaña
ante la azul lejanía,
sol del día, claro día!
¡Hermosa tierra de España!

A LA DESIERTA PLAZA

A la desierta plaza
    conduce un laberinto de callejas.
A un lado, el viejo paredón sombrío
de una ruinosa iglesia;
a otro lado, la tapia blanquecina
de un huerto de cipreses y palmeras,
y, frente a mí, la casa,
y en la casa la reja
ante el cristal que levemente empaña
su figurilla plácida y risueña.
Me apartaré. No quiero
llamar a tu ventana... Primavera
viene --su veste blanca
flota en el aire de la plaza muerta--;
viene a encender las rosas
rojas de tus rosales... Quiero verla...

YO VOY SOÑANDO CAMINOS

Yo voy soñando caminos
de la tarde. ¡Las colinas
doradas, los verdes pinos,
las polvorientas encinas!...
¿Adónde el camino irá?
Yo voy cantando, viajero
a lo largo del sendero...
- La tarde cayendo está-.
"En el corazón tenía
la espina de una pasión;
logré arrancármela un día:
ya no siento el corazón".
Y todo el campo un momento
se queda, mudo y sombrío,
meditando. Suena el viento
en los álamos del río.

La tarde más se oscurece;
y el camino que serpea
y débilmente blanquea
se enturbia y desaparece.
Mi cantar vuelve a plañir:
"Aguda espina dorada,
quién te pudiera sentir
en el corazón clavada".

AMADA, EL AURA DICE...

Amada, el aura dice
    tu pura veste blanca...
No te verán mis ojos;
    ¡mi corazón te aguarda!
El viento me ha traído
    tu nombre en la mañana;
el eco de tus pasos
    repite la montaña...
No te verán mis ojos;
    ¡mi corazón te aguarda!
En las sombrías torres
    repican las campanas...
No te verán mis ojos;
    ¡mi corazón te aguarda!
Los golpes del martillo

dicen la negra caja;
y el sitio de la fosa,
los golpes de la azada...
No te verán mis ojos;
¡mi corazón te aguarda!

HACIA UN OCASO RADIANTE

Hacia un ocaso radiante
   caminaba el sol de estío,
y era, entre nubes de fuego, una trompeta gigante,
tras de los álamos verdes de las márgenes del río.
Dentro de un olmo sonaba la sempiterna tijera
de la cigarra cantora, el monorritmo jovial,
entre metal y madera,
que es la canción estival.
En una huerta sombría,
giraban los cangilones de la noria soñolienta.
Bajo las ramas oscuras el son del agua se oía.
Era una tarde de julio, luminosa y polvorienta.
Yo iba haciendo mi camino,
absorto en el solitario crepúsculo campesino.
Y pensaba: "¡Hermosa tarde, nota de la lira inmensa
toda desdén y armonía;

hermosa tarde, tú curas la pobre melancolía
de este rincón vanidoso, oscuro rincón que piensa!"
Pasaba el agua rizada bajo los ojos del puente.
Lejos la ciudad dormía,
como cubierta de un mago fanal de oro trasparente.
Bajo los arcos de piedra el agua clara corría.
Los últimos arreboles coronaban las colinas
manchadas de olivos grises y de negruzcas encinas.
Yo caminaba cansado,
sintiendo la vieja angustia que hace el corazón pesado.
El agua en sombra pasaba tan melancólicamente,
bajo los arcos del puente,
como si al pasar dijera:
"Apenas desamarrada
la pobre barca, viajero, del árbol de la ribera,
se canta: no somos nada.
Donde acaba el pobre río la inmensa mar nos espera."
Bajo los ojos del puente pasaba el agua sombría.
(Yo pensaba: ¡el alma mía!)
Y me detuve un momento,
en la tarde, a meditar...
¿Qué es esta gota en el viento
que grita al mar: soy el mar?
Vibraba el aire asordado
por los élitros cantores que hacen el campo sonoro,
cual si estuviera sembrado
de campanitas de oro.
En el azul fulguraba
un lucero diamantino.

Cálido viento soplaba
alborotando el camino.
Yo, en la tarde polvorienta,
hacia la ciudad volvía.
Sonaban los cangilones de la noria soñolienta.
Bajo las ramas oscuras caer el agua se oía.

CANTE HONDO

Yo meditaba absorto, devanando
    los hilos del hastío y la tristeza,
cuando llegó a mi oído,
por la ventana de mi estancia, abierta
a una caliente noche de verano,
el plañir de una copla soñolienta,
quebrada por los trémolos sombríos
de las músicas magas de mi tierra.
...Y era el Amor, como una roja llama...
-Nerviosa mano en la vibrante cuerda
ponía un largo suspirar de oro,
que se trocaba en surtidor de estrellas-.
...Y era la Muerte, al hombro la cuchilla,
el paso largo, torva y esquelética.
-Tal cuando yo era niño la soñaba-.

Y en la guitarra, resonante y trémula,
la brusca mano, al golpear, fingía
el reposar de un ataúd en tierra.
Y era un plañido solitario el soplo
que el polvo barre y la ceniza avienta.

LA CALLE EN SOMBRA. OCULTAN LOS ALTOS CASERONES

La calle en sombra. Ocultan los altos caserones
    el sol que muere; hay ecos de luz en los balcones.
¿No ves, en el encanto del mirador florido,
el óvalo rosado de un rostro conocido?
La imagen, tras el vidrio de equívoco reflejo,
surge o se apaga como daguerrotipo viejo.
Suena en la calle sólo el ruido de tu paso;
se extinguen lentamente los ecos del ocaso.
¡Oh angustia! Pesa y duele el corazón... ¿Es ella?
No puede ser.. Camina... En el azul, la estrella.

SIEMPRE FUGITIVA

Siempre fugitiva y siempre
    cerca de mí, en negro manto
mal cubierto el desdeñoso
gesto de tu rostro pálido.
No sé adónde vas, ni dónde
tu virgen belleza tálamo
busca en la noche. No sé
qué sueños cierran tus párpados,
ni de quién haya entreabierto
tu lecho inhospitalario.
....
Detén el paso belleza
esquiva, detén el paso.
Besar quisiera la amarga,
amarga flor de tus labios.

HORIZONTE

En una tarde clara y amplia como el hastío
    cuando su lanza blande el tórrido verano,
copiaban el fantasma de un grave sueño mío
mil sombras en teoría, enhiestas sobre el llano.
La gloria del ocaso era un purpúreo espejo,
era un cristal de llamas, que al infinito viejo
iba arrojando el grave soñar en la llanura. ..
Y yo sentí la espuela sonora de mi paso
repercutir lejana en el sangriento ocaso,
y más allá, la alegre canción de un alba pura.

EL POETA

Maldiciendo su destino
      como Glauco, el Dios marino,
mira, turbia la pupila
de llanto, el mar, que le debe su blanca virgen Scyla.
Él sabe que un Dios más fuerte
con la sustancia inmortal está jugando a la muerte,
cual niño bárbaro. Él piensa
que ha de caer como rama que sobre las aguas flota,
antes de perderse, gota
de mar, en la mar inmensa.
En sueños oyó el acento de una palabra divina;
en sueños se le ha mostrado la cruda ley diamantina,
sin odio ni amor, y el frío
soplo del olvido sabe sobre un arenal de hastío.
Bajo las palmeras del osis el agua buena
miró brotar de la arena;

y se abrevó entre las dulces gacelas, y entre los fieros animales carniceros...

Y supo cuánto es la vida hecha de sed y dolor.
Y fue compasivo para el ciervo y el cazador,
para el ladrón y el robado,
para el pájaro azorado,
para el sanguinario azor.
Con el sabio amargo dijo: Vanidad de vanidades,
todo es negra vanidad;
y oyó otra voz que clamaba, alma de sus soledades:
sólo eres tú, luz que fulges en el corazón, verdad.
Y viendo cómo lucían
miles de blancas estrellas,
pensaba que todas ellas
en su corazón ardían.
¡Noche de amor!
Y otra noche
sintió la mala tristeza
que enturbia la pura llama,
y el corazón que bosteza,
y el histrión que declama.
Y dijo: las galerías
del alma que espera están
desiertas, mudas, vacías:
las blancas sombras se van.
Y el demonio de los sueños abrió el jardín encantado
del ayer. ¡Cuán bello era!
¡Qué hermosamente el pasado
fingía la primavera,

cuando del árbol de otoño estaba el fruto colgado,
mísero fruto podrido,
que en el hueco acibarado
guarda el gusano escondido!
¡Alma, que en vano quisiste ser más joven cada día
arranca tu flor, la humilde flor de la melancolía!

¡VERDES JARDINILLOS!

¡Verdes jardinillos,
　　claras plazoletas,
fuente verdinosa
donde el agua sueña,
donde el agua muda
resbala en la piedra!...
Las hojas de un verde
mustio, casi negras,
de la acacia, el viento
de septiembre besa,
y se lleva algunas
amarillas, secas,
jugando, entre el polvo
blanco de la tierra.
Linda doncellita,
que el cántaro llenas

de agua transparente,
tú, al verme, no llevas
a los negros bucles
de tu cabellera,
distraídamente,
la mano morena,
ni, luego, en el limpio
cristal te contemplas...
Tú miras al aire
de la tarde bella,
mientras de agua clara
el cántaro llenas.

DEL CAMINO

PRELUDIO

Mientras la sombra pasa de un santo amor, hoy quiero
poner un dulce salmo sobre mi viejo atril.
Acordaré las notas del órgano severo
al suspirar fragante del pífano de abril.
Madurarán su aroma las pomas otoñales;
la mirra y el incienso salmodiarán su olor;
exhalarán su fresco perfume los rosales,
bajo la paz en sombra del tibio huerto en flor.
Al grave acorde lento de música y aroma,
la sola y vieja y noble razón de mi rezar
levantará su vuelo süave de paloma,
y la palabra blanca se elevará al altar.

2

DABA EL RELOJ LAS DOCE... Y ERAN DOCE

Daba el reloj las doce... y eran doce
    golpes de azada en tierra...
— ¡Mi hora! ...—grité. El silencio
me respondió: —No temas;
tú no verás caer la última gota
que en la clepsidra tiembla.
Dormirás muchas horas todavía
sobre la orilla vieja,
y encontrarás una mañana pura
amarrada tu barca a otra ribera.

SOBRE LA TIERRA AMARGA

Sobre la tierra amarga,
    caminos tiene el sueño
laberínticos, sendas tortuosas,
parques en flor y en sombra y en silencio;
criptas hondas, escalas sobre estrellas;
retablos de esperanzas y recuerdos.
Figurillas que pasan y sonríen
—juguetes melancólicos de viejo—;
imágenes amigas,
a la vuelta florida del sendero,
y quimeras rosadas
que hacen camino... lejos...

4

EN LA DESNUDA TIERRA DEL CAMINO

En la desnuda tierra del camino
 la hora florida brota,
espino solitario,
del valle humilde en la revuelta umbrosa.
El salmo verdadero
de tenue voz hoy torna al corazón, y al labio,
la palabra quebrada y temblorosa.
Mis viejos mares duermen; se apagaron sus
espumas sonoras
sobre la playa estéril. La tormenta
camina lejos en la nube torva.
Vuelve la paz al cielo;
la brisa tutelar esparce aromas
otra vez sobre el campo, y aparece,
en la bendita soledad, tu sombra.

EL SOL ES UN GLOBO DE FUEGO

El sol es un globo de fuego,
    la luna es un disco morado.
Una blanca paloma se posa
en el alto ciprés centenario.
Los cuadros de mirtos parecen
de marchito velludo empolvado.
¡El jardín y la tarde tranquila!...
Suena el agua en la fuente de mármol.

TENUE RUMOR DE TÚNICAS QUE PASAN

¡Tenue rumor de túnicas que pasan
  sobre la infértil tierra! ...
¡Y lágrimas sonoras
de las campanas viejas!
Las ascuas mortecinas
del horizonte humean...
Blancos fantasmas lares
van encendiendo estrellas.
—Abre el balcón. La hora
de una ilusión se acerca..
La tarde se ha dormido
y las campanas sueñan.

OH FIGURAS DEL ATRIO, MÁS HUMILDES

¡Oh figuras del atrio, más humildes
cada día y lejanas:
mendigos harapientos
sobre marmóreas gradas;
miserables ungidos
de eternidades santas,
manos que surgen de los mantos viejos
y de las rotas capas!
¿Pasó por vuestro lado
una ilusión velada,
de la mañana luminosa y fría
en las horas más plácidas?...
Sobre la negra túnica, su mano
era una rosa blanca...

LA TARDE TODAVÍA

La tarde todavía
    dará incienso de oro a tu plegaria,
y quizás el cenit de un nuevo día
amenguará tu sombra solitaria.
Mas no es tu fiesta el Ultramar lejano,
sino la ermita junto al manso río;
no tu sandalia el soñoliento llano
pisará, en la arena del hastío.
Muy cerca está, romero,
la tierra verde y santa y florecida
de tus sueños; muy cerca, peregrino
que desdeñas la sombra del sendero
y el agua del mesón en tu camino.

CREAR FIESTAS DE AMORES

Crear fiestas de amores
    en nuestro amor pensamos,
quemar nuevos aromas
en montes no pisados,
y guardar el secreto
de nuestros rostros pálidos,
porque en las bacanales de la vida
vacías nuestras copas conservamos,
mientras con eco de cristal y espuma
ríen los zumos de la vid dorados.
Un pájaro escondido entre las ramas
del parque solitario
silba burlón...
Nosotros exprimimos
la penumbra de un sueño en nuestro vaso...

Y algo, que es tierra en nuestra carne, siente la humedad del jardín como un halago.

ARDE EN TUS OJOS UN MISTERIO, VIRGEN

Arde en tus ojos un misterio, virgen
 esquiva y compañera.
No sé si es odio o es amor la lumbre
inagotable de tu aljaba negra.
Conmigo irás mientras proyecte sombra
mi cuerpo y quede a mi sandalia arena.
—¿Eres la sed o el agua en mi camino?
Dime, virgen esquiva y compañera.

ALGUNOS LIENZOS DEL RECUERDO TIENEN

Algunos lienzos del recuerdo tienen
  luz de jardín y soledad de campo;
la placidez del sueño
en el paisaje familiar soñado.
Otros guardan las fiestas
de días aun lejanos;
figuras sutiles
que pone un titerero en su retablo...
....
Ante el balcón florido
está la cita de un amor amargo.
Brilla la tarde en el resol bermejo...
La hiedra efunde de los muros blancos...
A la revuelta de una calle en sombra,
un fantasma irrisorio besa un nardo.

CRECE EN LA PLAZA EN SOMBRA

Crece en la plaza en sombra
    el musgo, y en la piedra vieja y santa
de la iglesia. En el atrio hay un mendigo...
Más vieja que la iglesia tiene el alma.
Sube muy lento, en las mañanas frías,
por la marmórea grada,
hasta un rincón de piedra... Allí aparece
su mano seca entre la rota capa.
Con las órbitas huecas de sus ojos
ha visto cómo pasan
las blancas sombras en los claros días,
las blancas sombras de las horas santas.

LAS ASCUAS DE UN CREPÚSCULO MORADO

Las ascuas de un crepúsculo morado
   detrás del negro cipresal humean...
En la glorieta en sombra está la fuente...
con su alado y desnudo Amor de piedra,
que sueña mudo. En la marmórea taza
reposa el agua muerta.

¿MI AMOR?... ¿RECUERDAS, DIME

¿Mi amor?... ¿Recuerdas, dime,
   aquellos juncos tiernos,
lánguidos y amarillos
que hay en el cauce seco?...

¿Recuerdas la amapola
   que calcinó el verano,
   la amapola marchita,
   negro crespón del campo? ...

¿Te acuerdas del sol yerto
   y humilde, en la mañana,
   que brilla y tiembla roto
   sobre una fuerte helada? ...

ME DIJO UN ALBA DE LA PRIMAVERA

Me dijo un alba de la primavera:
—Yo florecí en tu corazón sombrío
ha muchos años, caminante viejo
que no cortas las flores del camino.
Tu corazón de sombra, ¿acaso guarda
el viejo aroma de mis viejos lirios?
¿Perfuman aun mis rosas la alba frente
del hada de tu sueño adamantino?
Respondí a la mañana:
—Sólo tienen cristal los sueños míos.
Yo no conozco el hada de mis sueños,
ni sé si está mi corazón florido.
Pero si aguardas la mañana pura
que ha de romper el vaso cristalino,
quizás el hada te dará tus rosas;
mi corazón, tus lirios.

AL BORDE DEL SENDERO UN DÍA
NOS SENTAMOS

Al borde del sendero un día nos sentamos.
 Ya nuestra vida es tiempo, y nuestra sola cuita
son las desesperantes posturas que tomamos
para aguardar... Mas Ella no faltará a la cita.

ES UNA FORMA JUVENIL QUE UN DÍA

Es una forma juvenil que un día
    a nuestra casa llega.
Nosotros le decimos: —¿Por qué tornas
a la morada vieja?
Ella abre la ventana, y todo el campo
en luz y aroma entra.
En el blanco sendero,
los troncos de los árboles negrean;
las hojas de sus copas
son humo verde que a lo lejos sueña.
Parece una laguna
el ancho río entre la blanca niebla
de la mañana. Por los montes cárdenos,
camina otra quimera.

OH, DIME, NOCHE AMIGA, AMADA VIEJA

¡Oh, dime, noche amiga, amada vieja,
      que me traes el retablo de mis sueños
siempre desierto y desolado, y solo
con mi fantasma dentro,
mi pobre sombra triste
sobre la estepa y bajo el sol de fuego,
o soñando amarguras
en las voces de todos los misterios,
dime, si sabes, vieja amada, dime
si son mías las lágrimas que vierto.
Me respondió la noche:
—Jamás me revelaste tu secreto.
Yo nunca supe, amado,
si eras tú ese fantasma de tu sueño,
ni averigüé si era su voz la tuya
o era la voz de un histrión grotesco.

Dije a la noche: —Amada mentirosa,
tú sabes mi secreto;
tú has visto la honda gruta
donde fabrica su cristal mi sueño,
y sabes que mis lágrimas son mías,
y sabes mi dolor, mi dolor viejo.
—¡Oh! Yo no sé—dijo la noche—, amado,
yo no sé tu secreto,
aunque he visto vagar ese que dices
desolado fantasma por tu sueño.
Yo me asomo a las almas cuando lloran
y escucho su hondo rezo,
humilde y solitario,
ese que llamas el salmo verdadero;
pero en las hondas bóvedas del alma
no sé si el llanto es una voz o un eco.
Para escuchar tu queja de tus labios
yo te busqué en tu sueño,
y allí te vi vagando en un borroso
laberinto de espejos.

CANCIONES

1

ABRIL FLORECÍA

Abril florecía
   frente a mi ventana.
Entre los jazmines
y las rosas blancas
de un balcón florido
vi las dos hermanas.
La menor cosía;
la mayor hilaba...
Entre los jazmines
y las rosas blancas,
la más pequeñita,
risueña y rosada
—su aguja en el aire—,
miró a mi ventana.
La mayor seguía,
silenciosa y pálida,

el huso en su rueca
que el lino enroscaba.
Abril florecía
frente a mi ventana.
Una clara tarde
la mayor lloraba
entre los jazmines
y las rosas blancas,
y ante el blanco lino
que en su rueca hilaba.
—¿Qué tienes—le dije—,
silenciosa pálida?
Señaló el vestido
que empezó la hermana.
En la negra túnica
la aguja brillaba;
sobre el blanco velo,
el dedal de plata.
Señaló la tarde
de abril que soñaba,
mientras que se oía
tañer de campanas.
Y en la clara tarde
me enseñó sus lágrimas...
Abril florecía
Frente a mi ventana.
Fue otro abril alegre
y otra tarde plácida.
El balcón florido

solitario estaba...
Ni la pequeñita
risueña y rosada,
ni la hermana triste,
silenciosa y pálida,
ni la negra túnica,
ni la toca blanca...
Tan sólo en el huso
el lino giraba
por mano invisible,
y en la oscura sala
la luna del limpio
espejo brillaba...
Entre los jazmines
y las rosas blancas
del balcón florido
me miré en la clara
luna del espejo
que lejos soñaba...
Abril florecía
frente a mí ventana.

COPLAS ELEGIACAS

¡Ay del que llega sediento
a ver el agua correr
y dice: La sed que siento
no me la calma el beber!
¡Ay de quien bebe, y, saciada
la sed, desprecia la vida:
moneda al tahúr prestada,
que sea al azar rendida!
Del iluso que suspira
bajo el orden soberano,
y del que sueña la lira
pitagórica en su mano.
¡Ay del noble peregrino
que se para a meditar,
después de largo camino,
en el horror de llegar!

¡Ay de la melancolía
que llorando se consuela,
y de la melomanía
de un corazón de zarzuela!
¡Ay de nuestro ruiseñor,
si en una noche serena
se cura del mal de amor
que llora y canta su pena!
¡De los jardines secretos,
de los pensiles soñados
y de los sueños poblados
de propósitos discretos!
¡Ay del galán sin fortuna
que ronda a la luna bella,
de cuantos caen de la luna,
de cuantos se marchan a ella!
¡De quien el fruto prendido
en la rama no alcanzó,
de quien el fruto ha mordido
y el gusto amargo probó!
¡Y de nuestro amor primero
y de su fe mal pagada,
y, también, del verdadero
amante de nuestra amada!

INVENTARIO GALANTE

Tus ojos me recuerdan
　　las noches de verano,
negras noches sin luna,
orilla al mar salado,
y el chispear de estrellas
del cielo negro y bajo.
Tus ojos me recuerdan
las noches de verano.
Y tu morena carne,
los trigos requemados
y el suspirar de fuego
de los maduros campos.
Tu hermana es clara y débil
como los juncos lánguidos,
como los sauces tristes,

como los linos glaucos.
Tu hermana es un lucero
en el azul lejano...
Y es alba y aura fría
sobre los pobres álamos
que en las orillas tiemblan
del río humilde y manso.
Tu hermana es un lucero
en el azul lejano.
De tu morena gracia,
de tu soñar gitano,
de tu mirar de sombra
quiero llenar mi vaso.
Me embriagaré una noche
de cielo negro y bajo,
para cantar contigo,
orilla al mar salado,
una canción que deje
cenizas en los labios...
De tu mirar de sombra
quiero llenar mi vaso.
Para tu linda hermana
arrancaré los ramos
de florecillas nuevas
a los almendros blancos,
en un tranquilo y triste
alborear de marzo.
Los regaré con agua

de los arroyos claros,
los ataré con verdes
junquillos del remanso...
Para tu linda hermana
yo haré un ramito blanco.

ME DIJO UNA TARDE

Me dijo una tarde
    de la primavera:
Si buscas caminos
en flor en la tierra,
mata tus palabras
y oye tu alma vieja.
Que el mismo albo lino
que te vista sea
tu traje de duelo,
tu traje de fiesta.
Ama tu alegría
y ama tu tristeza,
si buscas caminos
en flor en la tierra.
Respondí a la tarde
de la primavera:

Tú has dicho el secreto
que en mi alma reza:
yo odio la alegría
por odio a la pena.
Mas antes que pise
tu florida senda,
quisiera traerte
muerta mi alma vieja.

LA VIDA HOY TIENE RITMO

La vida hoy tiene ritmo
    de ondas que pasan,
de olitas temblorosas
que fluyen y se alcanzan.
La vida hoy tiene el ritmo de los ríos,
la risa de las aguas
que entre los verdes junquerales corren,
y entre las verdes cañas.
Sueño florido lleva el manso viento;
bulle la savia joven en las nuevas ramas;
tiemblan alas y frondas,
y la mirada sagital del águila
no encuentra presa..., trema el campo en sueños,
vibra el sol como un arpa.
¡Fugitiva ilusión de ojos guerreros
que por las selvas pasas

a la hora del cenit: tiemble en mi pecho
el oro de tu aljaba!
En tus labios florece la alegría
de los campos en flor; tu veste alada
aroman las primeras velloritas,
las violetas perfuman tus sandalias.
Yo he seguido tus pasos en el viejo bosque,
arrebatados tras la corza rápida,
y los ágiles músculos rosados
de tus piernas silvestres entre verdes ramas.
¡Pasajera ilusión de ojos guerreros
que por las selvas pasas,
cuando la tierra reverdece y ríen
los ríos en las cañas!
¡Tiemble en mi pecho el oro
que llevas en tu aljaba!

ERA UNA MAÑANA Y ABRIL SONREÍA

Era una mañana y abril sonreía.
 Frente al horizonte dorado moría
la luna, muy blanca y opaca; tras ella,
cual tenue ligera quimera, corría
la nube que apenas enturbia una estrella.
....
Como sonreía la rosa mañana,
al sol del oriente abrí mi ventana;
y en mi triste alcoba penetró el oriente
en canto de alondras, en risa de fuente
y en suave perfume de flora temprana.
Fue una clara tarde de melancolía.
Abril sonreía. Yo abrí las ventanas
de mi casa al viento... El viento traía
perfumes de rosas, doblar de campanas...
Doblar de campanas lejanas, llorosas,

süave de rosas aromado aliento...
...¿Dónde están los huertos floridos de rosas?
¿Qué dicen las dulces campanas al viento?
....
Pregunté a la tarde de abril que moría:
—¿Al fin la alegría se acerca a mi casa?
La tarde de abril sonrió: —La alegría
pasó por tu puerta-y luego, sombría—:
Pasó por tu puerta. Dos veces no pasa.

EL CASCO ROÍDO Y VERDOSO

El casco roído y verdoso
 del viejo falucho
reposa en la arena...
La vela tronchada parece
que aun sueña en el sol y en el mar.
El mar hierve y canta...
El mar es un sueño sonoro
bajo el sol de abril.
El mar hierve y ríe
con olas azules y espumas de leche y de plata,
el mar hierve y ríe
bajo el cielo azul.
El mar lactescente,
el mar rutilante,
que ríe en sus liras de plata sus risas azules...

¡Hierve y ríe el mar!...
El aire parece que duerme encantado
en la fúlgida niebla de sol blanquecino.
La gaviota palpita en el aire dormido, y al lento
volar soñoliento, se aleja y se pierde en la bruma del sol.

EL SUEÑO BAJO EL SOL QUE ATURDE Y CIEGA

El sueño bajo el sol que aturde y ciega,
    tórrido sueño en la hora de arrebol;
el río luminoso el aire surca;
esplende la montaña;
la tarde es polvo y sol.
El terrible caracol del viento
ronco dormita en el remoto alcor;
emerge el sueño ingrave en la palmera,
luego se enciende en el naranjo en flor.
La estúpida cigüeña
su garabato escribe en el sopor
del molino parado; el toro abate
sobre la hierba la testuz feroz.
La verde, quieta espuma del ramaje
efunde sobre el blanco paredón,
lejano, inerte, del jardín sombrío,

dormido bajo el cielo fanfarrón.

....

Lejos, enfrente de la tarde roja,
refulge el ventanal del torreón.

....

HUMORISMOS, FANTASÍAS, APUNTES (LOS GRANDES INVENTOS)

LA NORIA

La tarde caía
    triste y polvorienta.
El agua cantaba
su copla plebeya
en los cangilones
de la noria lenta.
Soñaba la mula,
¡pobre mula vieja!,
al compás de la sombra
que en el agua suena.
La tarde caía
triste y polvorienta.
Yo no sé qué noble,
divino poeta,
unió a la amargura
de la eterna rueda

la dulce armonía
del agua que sueña,
y vendó tus ojos,
¡pobre mula vieja!...
Mas sé que fue un noble,
divino poeta,
corazón maduro
de sombra y de ciencia.

EL CADALSO

La aurora asomaba
   lejana y siniestra.
El lienzo de Oriente
sangraba tragedias,
pintarrajeadas
con nubes grotescas.
....

En la vieja plaza
   de una vieja aldea,
   erguía su horrible
   pavura esquelética
   el tosco patíbulo
   de fresca madera...

La aurora asomaba
lejana y siniestra.

LAS MOSCAS

Vosotras, las familiares,
    inevitables golosas;
vosotras, moscas vulgares,
me evocáis todas las cosas.
¡Oh viejas moscas voraces
como abejas en abril,
viejas moscas pertinaces
sobre mi calva infantil!
¡Moscas del primer hastío
en el salón familiar,
las claras tardes de estío
en que yo empecé a soñar!
Y en la aborrecida escuela,
raudas moscas divertidas,
perseguidas
por amor de lo que vuela

—que todo es volar—, sonoras,
rebotando en los cristales
en los días otoñales...
Moscas de todas las horas,
de infancia y adolescencia,
de mi juventud dorada;
de esta segunda inocencia,
que da en no creer en nada;
de siempre... Moscas vulgares,
que de puro familiares
no tendréis digno cantor:
yo sé que os habéis posado
sobre el juguete encantado,
sobre el librote cerrado,
sobre la carta de amor,
sobre los párpados yertos
de los muertos.
Inevitables golosas,
que ni labráis como abejas
ni brilláis cual mariposas;
pequeñitas, revoltosas,
vosotras, amigas viejas,
me evocáis todas las cosas.

4

ELEGÍA DE UN MADRIGAL

Recuerdo que una tarde de soledad y hastío,
¡oh tarde como tantas!, el alma mía era,
bajo el azul monótono, un ancho y terso río
que ni tenía un pobre juncal en su ribera.
¡Oh mundo sin encanto, sentimental inopia
que borra el misterioso azogue del cristal!
¡Oh el alma sin amores que el Universo copia
con un irremediable bostezo universal!
Quiso el poeta recordar a solas
las ondas bien amadas, la luz de los cabellos
que él llamaba en sus rimas rubias olas.
Leyó... La letra mata: no se acordaba de ellos...
Y un día—como tantos—, al aspirar un día
aromas de una rosa que en el rosal se abría,
brotó como una llama la luz de los cabellos

que él en sus madrigales llamaba rubias olas;
brotó, porque un aroma igual tuvieron ellos...
Y se alejó en silencio para llorar a solas.

ACASO...

Como atento no más a mi quimera
no reparaba en torno mío, un día
me sorprendió la fértil primavera
que en todo el ancho campo sonreía.
Brotaban verdes hojas
de las hinchadas yemas del ramaje,
y flores amarillas, blancas, rojas,
alegraban la mancha del paisaje.
Y era una lluvia de saetas de oro
el sol sobre las frondas juveniles;
del amplio río en el caudal sonoro
se miraban los álamos gentiles.
—Tras de tanto camino es la primera
vez que miro brotar la primavera—,
dije, y después, declamatoriamente:

—¡Cuán tarde ya para la dicha mía!—
Y luego, al caminar, como quien siente
alas de otra ilusión: —Y todavía
¡yo alcanzaré mi juventud un día!

JARDÍN

Lejos de tu jardín quema la tarde
	inciensos de oro en purpurinas llamas,
tras el bosque de cobre y de ceniza.
En tu jardín hay dalias.
¡Mal haya tu jardín! ... Hoy me parece
la obra de un peluquero,
con esa pobre palmerilla enana,
y ese cuadro de mirtos recortados...,
y el naranjito en su tonel... El agua
de la fuente de piedra
no cesa de reír sobre la concha blanca.

FANTASÍA DE UNA NOCHE DE ABRIL

¿Sevilla?... ¿Granada?... La noche de luna.
Angosta la calle, revuelta y moruna,
de blancas paredes y oscuras ventanas.
Cerrados postigos, corridas persianas...
El cielo vestía su gasa de abril.
Un vino risueño me dijo el camino.
Yo escucho los áureos consejos del vino,
que el vino es a veces escala de ensueño.
Abril y la noche y el vino risueño
cantaron en coro su salmo de amor.
La calle copiaba, con sombra en el muro,
el paso fantasma y el sueño maduro
de apuesto embozado, galán caballero:
espada tendida, calado sombrero...
La luna vertía su blanco soñar.
Como un laberinto mi sueño torcía

de calle en calleja. Mi sombra seguía
de aquel laberinto la sierpe encantada,
en pos de una oculta plazuela cerrada.
La luna lloraba su dulce blancor.
La casa y la clara ventana florida,
de blancos jazmines y nardos prendida,
más blancos que el blanco soñar de la luna...
—Señora, la hora, tal vez importuna...
¿Que espere? (La dueña se lleva el candil.)
Ya sé que sería quimera, señora,
mi sombra galante buscando a la aurora
en noches de estrellas y luna, si fuera
mentira la blanca nocturna quimera
que usurpa a la luna su trono de luz.
¡Oh dulce señora, más cándida y bella
que la solitaria matutina estrella
tan clara en el cielo! ¿Por qué silenciosa
oís mi nocturna querella amorosa?
¿Quién hizo, señora, cristal vuestra voz?...
La blanca quimera parece que sueña.
Acecha en la oscura estancia la dueña.
—Señora, si acaso otra sombra emboscada
teméis, en la sombra, fiad en mi espada...
Mi espada se ha visto a la luna brillar.
¿Acaso os parece mi gesto anacrónico?
El vuestro es, señora, sobrado lacónico.
¿Acaso os asombra mi sombra embozada,
de espada tendida y toca plumada?...
¿Seréis la cautiva del moro Gazul?...

Dijéraislo, y pronto mi amor os diría
el son de mi guzla y la algarabía
más dulce que oyera ventana moruna.
Mi guzla os dijera la noche de luna,
la noche de cándida luna de abril.
Dijera la clara cantiga de plata
del patio moruno, y la serenata
que lleva el aroma de floridas preces
a los miradores y a los ajimeces,
los salmos de un blanco fantasma lunar.
Dijera las danzas de trenzas lascivas,
las muelles cadencias de ensueños, las vivas
centellas de lánguidos rostros velados,
los tibios perfumes, los huertos cerrados;
dijera el aroma letal del harén.
Yo guardo, señora, en mi viejo salterio
también una copla de blanco misterio,
la copla más suave, más dulce y más sabia
que evoca las claras estrellas de Arabia
y aromas de un moro jardín andaluz.
Silencio... En la noche la paz de la luna
alumbra la blanca ventana moruna.
Silencio... Es el musgo que brota, y la hiedra
que lenta desgarra la tapia de piedra...
El llanto que vierte la luna de abril.
—Si sois una sombra de la primavera,
blanca entre jazmines, o antigua quimera
soñada en las trovas de dulces cantores,
yo soy una sombra de viejos cantares

y el signo de un álgebra vieja de amores.
Los gayos, lascivos decires mejores,
los árabes albos nocturnos soñares,
las coplas mundanas, los salmos talares
poned en mis labios;
yo soy una sombra también del amor.
Ya muerta la luna, mi sueño volvía
por la retorcida, moruna calleja.
El sol en Oriente reía
su risa más vieja.

A UN NARANJO Y A UN LIMONERO

Vistos en una tienda de plantas y flores

Naranjo en maceta, ¡qué triste es tu suerte!
    Medrosas tiritan tus hojas menguadas.
Naranjo en la corte, qué pena da verte
con tus naranjitas secas y arrugadas.
Pobre limonero de fruto amarillo
cual pomo pulido de pálida cera,
¡qué pena mirarte, mísero arbolillo
criado en mezquino tonel de madera!
De los claros bosques de la Andalucía,
¿quién os trajo a esta castellana tierra
que barren los vientos de la adusta sierra,
hijos de los campos de la tierra mía?
¡Gloria de los huertos, árbol limonero,
que enciendes los frutos de pálido oro

y alumbras del negro cipresal austero
las quietas plegarias erguidas en coro;
y fresco naranjo del patio querido,
del campo risueño y el huerto soñado,
siempre en mi recuerdo maduro o florido
de frondas y aromas y frutos cargado!

LOS SUEÑOS MALOS

Está la plaza sombría;
	muere el día.
Suenan lejos las campanas.
De balcones y ventanas
se iluminan las vidrieras
con reflejos mortecinos,
como huesos blanquecinos
y borrosas calaveras.
En toda la tarde brilla
una luz de pesadilla.
Está el sol en el ocaso.
Suena el eco de mi paso.
—¿Eres tú? Ya te esperaba...
—No eras tú a quien yo buscaba.

HASTÍO

Pasan las horas de hastío
 por la estancia familiar,
el amplio cuarto sombrío
donde yo empecé a soñar.
Del reloj arrinconado,
que en la penumbra clarea,
el tic-tac acompasado
odiosamente golpea.
Dice la monotonía
del agua clara al caer:
un día es como otro día;
hoy es lo mismo que ayer.
Cae la tarde. El viento agita
el parque mustio y dorado...
¡Qué largamente ha llorado
toda la fronda marchita!

SONABA EL RELOJ LA UNA

Sonaba el reloj la una
    dentro de mi cuarto. Era
triste la noche. La luna,
reluciente calavera,
ya del cenit declinando,
iba del ciprés del huerto
fríamente iluminando
el alto ramaje yerto.
Por la entreabierta ventana
llegaban a mis oídos
metálicos alaridos
de una música lejana.
Una música tristona,
una mazurca olvidada,
entre inocente y burlona,

mal tañida y mal soplada.
Y yo sentí el estupor
del alma cuando bosteza
el corazón, la cabeza,
y... morirse es lo mejor.

CONSEJOS

I

Este amor que quiere ser,
   acaso pronto será;
pero ¿cuándo ha de volver
lo que acaba de pasar?
Hoy dista mucho de ayer.
¡Ayer es Nunca jamás!

II

Moneda que está en la mano
quizá se deba guardar;
la monedita del alma
se pierde si no se da.

GLOSA

Nuestras vidas son los ríos
que van a dar a la mar,
que es el morir. ¡Gran cantar!
Entre los poetas míos
tiene Manrique un altar.
Dulce goce de vivir:
mala ciencia del pasar,
ciego huir a la mar.
Tras el pavor de morir
está el placer de llegar.
¡Gran placer!
Mas ¿y el horror de volver?
¡Gran pesar!

ANOCHE CUANDO DORMÍA

Anoche cuando dormía
soñé, ¡bendita ilusión!,
que una fontana fluía
dentro de mi corazón.
Di: ¿por qué acequia escondida,
agua, vienes hasta mí,
manantial de nueva vida
en donde nunca bebí?
Anoche cuando dormía
soñé, ¡bendita ilusión!,
que una colmena tenía
dentro de mi corazón;
y las doradas abejas
iban fabricando en él,
con las amarguras viejas,
blanca cera y dulce miel.

Anoche cuando dormía
soñé, ¡bendita ilusión!,
que un sol ardiente lucía
dentro de mi corazón.
Era ardiente porque daba
calores de rojo hogar,
y era sol porque alumbraba
y porque hacía llorar.
Anoche cuando dormía
soñé, ¡bendita ilusión!,
que era Dios lo que tenía
dentro de mi corazón.

¿MÍ CORAZÓN SE HA DORMIDO?

¿Mí corazón se ha dormido?
Colmenares de mis sueños,
¿ya no labráis? ¿Está seca
la noria del pensamiento,
los cangilones vacíos,
girando, de sombra llenos?
No; mi corazón no duerme.
Está despierto, despierto.
Ni duerme ni sueña; mira,
los claros ojos abiertos,
señas lejanas y escucha
a orillas del gran silencio.

GALERÍAS

INTRODUCCIÓN

Leyendo un claro día
mis bien amados versos,
he visto en el profundo
espejo de mis sueños
que una verdad divina
temblando está de miedo,
y es una flor que quiere
echar su aroma al viento.
El alma del poeta
se orienta hacia el misterio.
Sólo el poeta puede
mirar lo que está lejos
dentro del alma, en turbio
y mago sol envuelto.
En esas galerías,
sin fondo, del recuerdo,

donde las pobres gentes
colgaron cual trofeo
el traje de una fiesta
apolillado y viejo,
allí el poeta sabe
el laborar eterno
mirar de las doradas
abejas de los sueños.
Poetas, con el alma
atenta al hondo cielo,
en la cruel batalla
o en el tranquilo huerto,
la nueva miel labramos
con los dolores viejos,
la veste blanca y pura
pacientemente hacemos,
y bajo el sol bruñimos
el fuerte arnés de hierro.
El alma que no sueña,
el enemigo espejo,
proyecta nuestra imagen
con un perfil grotesco.
Sentimos una ola
de sangre, en nuestro pecho,
que pasa... y sonreímos,
y a laborar volvemos.

DESGARRADA LA NUBE; EL ARCO IRIS

Desgarrada la nube; el arco iris
 brillando ya en el cielo,
y en un fanal de lluvia
y sol el campo envuelto.
Desperté. ¿ Quién enturbia
los mágicos cristales de mi sueño?
Mi corazón latía
atónito y disperso.
...¡El limonar florido,
el cipresal del huerto
el prado verde, el sol, el agua, el iris!..
¡el agua en tus cabellos!...
Y todo en la memoria se perdía
como una pompa de jabón al viento.

Y ERA EL DEMONIO DE MI SUEÑO, EL ÁNGEL

Y era el demonio de mi sueño, el ángel
más hermoso. Brillaban
como aceros los ojos victoriosos,
y las sangrientas llamas
de su antorcha alumbraron
la honda cripta del alma.
-¿Vendrás conmigo? -No, jamás; las tumbas
y los muertos me espantan.
Pero la férrea mano
mi diestra atenazaba.
-Vendrás conmigo... Y avancé en mi sueño,
cegado por la roja luminaria.
Y en la cripta sentí sonar cadenas,
y rebullir de fieras enjauladas.

DESDE EL UMBRAL DE UN SUEÑO ME LLAMARON

Desde el umbral de un sueño me llamaron...
　　Era la buena voz, la voz querida.
-Dime: ¿vendrás conmigo a ver el alma?....
Llegó a mi corazón una caricia.
-Contigo siempre....Y avancé en mi sueño
por una larga, escueta galería,
sintiendo el roce de la veste pura
y el palpitar suave de la mano amiga.

SUEÑO INFANTIL

Una clara noche
    de fiesta y de luna,
noche de mis sueños,
noche de alegría
—era luz mi alma
que hoy es bruma toda,
no eran mis cabellos
negros todavía—,
el hada más joven
me llevó en sus brazos
a la alegre fiesta
que en la plaza ardía.
So el chisporroteo
de las luminarias,
amor sus madejas
de danzas tejía.

Y en aquella noche
de fiesta y de luna,
noche de mis sueños,
noche de alegría,
el hada más joven
besaba mi frente...
con su linda mano
su adiós me decía...
Todos los rosales
daban sus aromas,
todos los amores
amor entreabría.

Y ESOS NIÑOS EN HILERA

¡Y esos niños en hilera,
      llevando el sol de la tarde
en sus velitas de cera!...

*

De amarillo calabaza,
en el azul, cómo sube
la luna, sobre la plaza!

*

Duro ceño.
Pirata, rubio africano,
barbitaheño.
Lleva un alfanje en la mano.

Estas figuras del sueño...

*

Donde las niñas cantan en corro,
en los jardines del limonar,
sobre la fuente, negro abejorro
pasa volando, zumba al volar.
Se oyó su bronco gruñir de abuelo
entre las claras voces sonar,
superflua nota de violoncelo
en los jardines del limonar.
Entre las cuatro blancas paredes,
cuando una mano cerró el balcón,
por los salones de sal-si-puedes
suena el rebato de su bordón.
Muda en el techo, quieta, ¿dormida?,
la negra nota de angustia está,
y en la pradera verdiflorida
de un sueño niño volando va...

SI YO FUERA UN POETA

Si yo fuera un poeta
    galante, cantaría
a vuestros ojos un cantar tan puro
como en el mármol blanco el agua limpia.
Y en una estrofa de agua
todo el cantar sería:
"Ya sé que no responden a mis ojos,
que ven y no preguntan cuando miran,
los vuestros claros, vuestros ojos tienen
la buena luz tranquila,
la buena luz del mundo en flor, que he visto
desde los brazos de mi madre un día".

LLAMÓ A MI CORAZÓN UN CLARO DÍA

Llamó a mi corazón, un claro día,
 con un perfume de jazmín, el viento.
-A cambio de este aroma,
todo el aroma de tus rosas quiero.
-No tengo rosas; flores
en mi jardín no hay ya, todas han muerto.
Me llevaré los llantos de las fuentes,
las hojas amarillas y los mustios pétalos.
Y el viento huyó... Mi corazón sangraba...
Alma, ¿qué has hecho de tu pobre huerto?

HOY BUSCARÁS EN VANO

Hoy buscarás en vano
    a tu dolor consuelo.
Lleváronse tus hadas
el lino de tus sueños.
Está la fuente muda,
y está marchito el huerto.
Hoy sólo quedan lágrimas
para llorar. No hay que llorar, ¡silencio!

Y NADA IMPORTA YA QUE EL VINO DE ORO

Y nada importa ya que el vino de oro
    rebose de tu copa cristalina,
o el agrio zumo enturbie el puro vaso...
Tú sabes las secretas galerías
del alma, los caminos de los sueños,
y la tarde tranquila
donde van a morir... Allí te aguardan
las hadas silenciosas de la vida,
y hacia un jardín de eterna primavera
te llevarán un día.

TOCADOS DE OTROS DÍAS

¡Tocados de otros días,
   mustios encajes y marchitas sedas;
salterios arrumbados,
rincones de las salas polvorientas:
daguerrotipos turbios,
cartas que amarillean;
libracos no leídos
que guardan grises florecitas secas;
romanticismos muertos,
cursilerías viejas,
cosas de ayer que sois el alma, y cantos
y cuentos de la abuela!...

LA CASA TAN QUERIDA

La casa tan querida
    donde habitaba ella,
sobre un montón de escombros arruinada
o derruida, enseña
el negro y carcomido
maltrabado esqueleto de madera.
La luna está vertiendo
su clara luz en sueños que platea
en las ventanas. Mal vestido y triste,
voy caminando por la calle vieja.

ANTE EL PÁLIDO LIENZO DE LA TARDE

Ante el pálido lienzo de la tarde,
    la iglesia, con sus torres afiladas
y el ancho campanario, en cuyos huecos
voltean suavemente las campanas,
alta y sombría, surge.
La estrella es una lágrima
en el azul celeste.
Bajo la estrella clara,
flota, vellón disperso,
una nube quimérica de plata.

TARDE TRANQUILA, CASI

Tarde tranquila, casi
   con placidez de alma,
para ser joven, para haberlo sido
cuando Dios quiso, para
tener algunas alegrías... lejos,
y poder dulcemente recordarlas.

YO, COMO ANACREONTE

Yo, como Anacreonte,
    quiero cantar, reír y echar al viento
las sabias amarguras
y los graves consejos,
y quiero, sobre todo, emborracharme,
ya lo sabéis... ¡Grotesco!
Pura fe en el morir, pobre alegría
y macabro danzar antes de tiempo.

¡OH TARDE LUMINOSA!

¡Oh tarde luminosa!
 El aire está encantado.
La blanca cigüeña
dormita volando,
y las golondrinas se cruzan, tendidas
las alas agudas al viento dorado,
y en la tarde risueña se alejan
volando, soñando...
Y hay una que torna como la saeta,
las alas agudas tendidas al aire sombrío,
buscando su negro rincón del tejado.
La blanca cigüeña,
como un garabato,
tranquila y disforme, ¡tan disparatada!,
sobre el campanario.

ES UNA TARDE CENICIENTA Y MUSTIA

Es una tarde cenicienta y mustia,
　　destartalada, como el alma mía;
y es esta vieja angustia
que habita mi usual hipocondría.
La causa de esta angustia no consigo
ni vagamente comprender siquiera;
pero recuerdo y, recordando, digo:
-Sí, yo era niño, y tú, mi compañera.

*

Y no es verdad, dolor, yo te conozco,
tú eres la nostalgia de la vida buena
y soledad de corazón sombrío,
de barco sin naufragio y sin estrella.
Como perro olvidado que no tiene

huella ni olfato y yerra
por los caminos sin camino, como
el niño que en la noche de una fiesta
se pierde entre el gentío
y el aire polvoriento y las candelas
chispeantes, atónito y asombra
su corazón de música y de pena,
así voy yo, borracho melancólico
guitarrista lunático, poeta,
y pobre hombre en sueños,
siempre buscando a Dios entre la niebla.

¿Y HA DE MORIR CONTIGO EL MUNDO MAGO?

¿Y ha de morir contigo el mundo mago
donde guarda el recuerdo
los hálitos más puros de la vida,
la blanca sombra del amor primero,
la voz que fue a tu corazón, la mano
que tú querías retener en sueños,
y todos los amores
que llegaron al alma, al hondo cielo?
¿Y ha de morir contigo el mundo tuyo,
la vieja vida en orden tuyo y nuevo?
¿Los yunques y crisoles de tu alma
trabajan para el polvo y para el viento?

DESNUDA ESTÁ LA TIERRA

Desnuda está la tierra,
    y el alma aúlla al horizonte pálido
como loba famélica. ¿Qué buscas,
poeta, en el ocaso?
¡Amargo caminar, porque el camino
pesa en el corazón! ¡El viento helado,
y la noche que llega, y la amargura
de la distancia!... En el camino blanco
algunos yertos árboles negrean;
en los montes lejanos
hay oro y sangre... El sol murió... ¿Qué buscas,
poeta, en el ocaso?

CAMPO

La tarde está muriendo
  como un hogar humilde que se apaga.
Allá, sobre los montes,
quedan algunas brasas.
Y ese árbol roto en el camino blanco
hace llorar de lástima.
¡Dos ramas en el tronco herido, y una
hoja marchita y negra en cada rama!
¿Lloras?...Entre los álamos de oro,
lejos, la sombra del amor te aguarda.

A UN VIEJO Y DISTINGUIDO SEÑOR

Te he visto, por el parque ceniciento
que los poetas aman
para llorar, como una noble sombra
vagar, envuelto en tu levita larga.
El talante cortés, ha tantos años
compuesto de una fiesta en la antesala,
¡qué bien tus pobres huesos
ceremoniosos guardan!
Yo te he visto, aspirando distraído,
con el aliento que la tierra exhala
-hoy, tibia tarde en que las mustias hojas
húmedo viento arranca-
del eucalipto verde
el frescor de las hojas perfumadas.
Y te he visto llevar la seca mano
a la perla que brilla en tu corbata.

LOS SUEÑOS

El hada más hermosa ha sonreído
    al ver la lumbre de una estrella pálida,
que en hilo suave, blanco y silencioso
se enrosca al huso de su rubia hermana.
Y vuelve a sonreír porque en su rueca
el hilo de los campos se enmaraña.
Tras la tenue cortina de la alcoba
está el jardín envuelto en luz dorada.
La cuna, casi en sombra. El niño duerme.
Dos hadas laboriosas lo acompañan,
hilando de los sueños los sutiles
copos en ruecas de marfil y plata.

GUITARRA DEL MESÓN QUE HOY SUENAS JOTA

Guitarra del mesón que hoy suenas jota,
    mañana petenera,
según quien llega y tañe
las empolvadas cuerdas.
Guitarra del mesón de los caminos,
no fuiste nunca, ni serás, poeta.
Tú eres alma que dice su armonía
solitaria a las almas pasajeras...
Y siempre que te escucha el caminante
sueña escuchar un aire de su tierra.

24

EL ROJO SOL DE UN SUEÑO EN EL ORIENTE ASOMA

El rojo sol de un sueño en el Oriente asoma.
    Luz en sueños. ¿No tiemblas, andante peregrino?
Pasado el llano verde, en la florida loma,
acaso está el cercano final de tu camino.
Tú no verás del trigo la espiga sazonada
y de macizas pomas cargado el manzanar,
ni de la vid rugosa la uva aurirrosada
ha de exprimir su alegre licor en tu lagar.
Cuando el primer aroma exhalen los jazmines
y cuando más palpiten las rosas del amor,
una mañana de oro que alumbre los jardines,
¿no huirá, como una nube dispersa, el sueño en flor?
Campo recién florido y verde, ¡quién pudiera soñar aún
largo tiempo en esas pequeñitas
corolas azuladas que manchan la pradera,
y en esas diminutas primeras margaritas!

LA PRIMAVERA BESABA

La primavera besaba
    suavemente la arboleda,
y el verde nuevo brotaba
como una verde humareda.
Las nubes iban pasando
sobre el campo juvenil...
Yo vi en las hojas temblando
las frescas lluvias de abril.
Bajo ese almendro florido,
todo cargado de flor
—recordé—, yo he maldecido
mi juventud sin amor.
Hoy, en mitad de la vida,
me he parado a meditar...
¡Juventud nunca vivida,
quién te volviera a soñar!

ERAN AYER MIS DOLORES

Eran ayer mis dolores
  como gusanos de seda
que iban labrando capullos;
hoy son mariposas negras.
¡De cuántas flores amargas
he sacado blanca cera!
¡Oh tiempo en que mis pesares
trabajaban como abejas!
Hoy son como avenas locas,
o cizaña en sementera,
como tizón en espiga,
como carcoma en madera.
¡Oh tiempo en que mis dolores
tenían lágrimas buenas,
y eran como agua de noria
que va regando una huerta!

Hoy son agua de torrente
que arranca el limo a la tierra.
Dolores que ayer hicieron
de mi corazón colmena,
hoy tratan mi corazón
como a una muralla vieja:
quieren derribarlo, y pronto,
al golpe de la piqueta.

RENACIMIENTO

Galerías del alma... ¡El alma niña!
　　Su clara luz risueña;
y la pequeña historia,
y la alegría de la vida nueva...
¡Ah, volver a nacer, y andar camino,
ya recobrada la perdida senda!
Y volver a sentir en nuestra mano,
aquel latido de la mano buena
de nuestra madre... Y caminar en sueños
por amor de la mano que nos lleva.

　　　　　　　*

En nuestras almas todo
por misteriosa mano se gobierna.
Incomprensibles, mudas,

nada sabemos de las almas nuestras.
Las más hondas palabras
del sabio nos enseñan,
lo que el silbar del viento cuando sopla,
o el sonar de las aguas cuando ruedan.

TAL VEZ LA MANO, EN SUEÑOS

Tal vez la mano, en sueños,
 del sembrador de estrellas,
hizo sonar la música olvidada
como una nota de la lira inmensa,
y la ola humilde a nuestros labios vino
de unas pocas palabras verdaderas.

Y PODRÁS CONOCERTE RECORDANDO

Y podrás conocerte recordando
    del pasado soñar los turbios lienzos,
en este día triste en que caminas
con los ojos abiertos.
De toda la memoria, sólo vale
el don preclaro de evocar los sueños.

LOS ÁRBOLES CONSERVAN

Los árboles conservan
　　　verdes aún las copas,
pero del verde mustio
de las marchitas frondas.
El agua de la fuente,
sobre la piedra tosca
y de verdín cubierta,
resbala silenciosa.
Arrastra el viento algunas
amarillentas hojas.
¡El viento de la tarde
sobre la tierra en sombra!

HÚMEDO ESTÁ, BAJO EL LAUREL, EL BANCO

Húmedo está, bajo el laurel, el banco
    de verdinosa piedra;
lavó la lluvia, sobre el muro blanco,
las empolvadas hojas de la hiedra.
Del viento del otoño el tibio aliento
los céspedes undula, y la alameda
conversa con el viento...
¡el viento de la tarde en la arboleda!
Mientras el sol en el ocaso esplende
que los racimos de la vid orea,
y el buen burgués, en su balcón enciende
la estoica pipa en que el tabaco humea,
voy recordando versos juveniles...
¿Qué fue de aquel mi corazón sonoro?
¿Será cierto que os vais, sombras gentiles,
huyendo entre los árboles de oro?

VARIA

PEGASOS, LINDOS PEGASOS

Tournez, tournez, chevaux de bois.

— VERLAINE

Pegasos, lindos pegasos,
    caballitos de madera.
....
Yo conocí, siendo niño,
la alegría de dar vueltas
sobre un corcel colorado,
en una noche de fiesta.
En el aire polvoriento
chispeaban las candelas,
y la noche azul ardía
toda sembrada de estrellas.

¡Alegrías infantiles
que cuestan una moneda
de cobre, lindos pegasos,
caballitos de madera!

DELETREOS DE ARMONÍA

Deletreos de armonía
    que ensaya inexperta mano.
Hastío. Cacofonía
del sempiterno piano
que yo de niño escuchaba
soñando... no sé con qué,
con algo que no llegaba,
todo lo que ya se fue.

EN MEDIO DE LA PLAZA Y SOBRE TOSCA PIEDRA

También titulado: Pesadilla

En medio de la plaza y sobre tosca piedra,
    el agua brota y brota. En el cercano huerto
eleva, tras el muro ceñido por la hiedra,
alto ciprés, la mancha de su ramaje yerto.
La tarde está cayendo frente a los caserones
de la ancha plaza en sueños. Relucen las vidrieras
con ecos mortecinos de sol. En los balcones
hay formas que parecen confusas calaveras.
La calma es infinita en la desierta plaza,
donde pasea el alma su traza de alma en pena.
El agua brota y brota en la marmórea taza.
En todo el aire en sombra no más que el agua suena.

COPLAS MUNDANAS

Poeta ayer, hoy triste y pobre
    filósofo trasnochado,
tengo en monedas de cobre
el oro de ayer cambiado.
Sin placer y sin fortuna,
pasó como una quimera
mi juventud, la primera...,
la sola, no hay más que una;
la de dentro es la de fuera.
Pasó como un torbellino,
bohemia y aborrascada,
harta de coplas y vino,
mi juventud bien amada.
Y hoy miro a las galerías
del recuerdo, para hacer
aleluyas de elegías

desconsoladas de ayer.
¡Adiós, lágrimas cantoras,
lágrimas que alegremente
brotabais, como en la fuente
las limpias aguas sonoras!
¡Buenas lágrimas vertidas
por un amor juvenil,
cual frescas lluvias caídas
sobre los campos de abril!
No canta ya el ruiseñor
de cierta noche serena;
sanamos del mal de amor
que sabe llorar sin pena.
Poeta ayer, hoy triste y pobre
filósofo trasnochado,
tengo en monedas de cobre
el oro de ayer cambiado.

SOL DE INVIERNO

Es mediodía. Un parque.
    Invierno. Blancas sendas;
simétricos montículos
y ramas esqueléticas.
Bajo el invernadero,
naranjos en maceta,
y en su tonel, pintado
de verde, la palmera.
Un viejecillo dice,
para su capa vieja:
«¡El sol, esta hermosura
de sol!...» Los niños juegan.
El agua de la fuente
resbala, corre y sueña
lamiendo, casi muda,
la verdinosa piedra.

Copyright © 2020 por FV Éditions
Todos Los Derechos Reservados

www.ingramcontent.com/pod-product-compliance
Lightning Source LLC
LaVergne TN
LVHW091543070526
838199LV00002B/187